AF360145

POURQUOI
JE SUIS RÉPUBLICAIN

Ouvrier Socialiste

MA PREMIÈRE
CONFÉRENCE

ET SES CONSÉQUENCES

A ARGENTON-CHATEAU, (DEUX-SÈVRES)

PAR LE CITOYEN

ADRIEN LODENOS

TOURS

IMPRIMERIE ET LIBRAIRIE, E. LEMÉTAYER

57-59, RUE BERNARD-PALISSY, 57-59.

—

1885

POURQUOI

JE SUIS RÉPUBLICAIN

OUVRIER SOCIALISTE

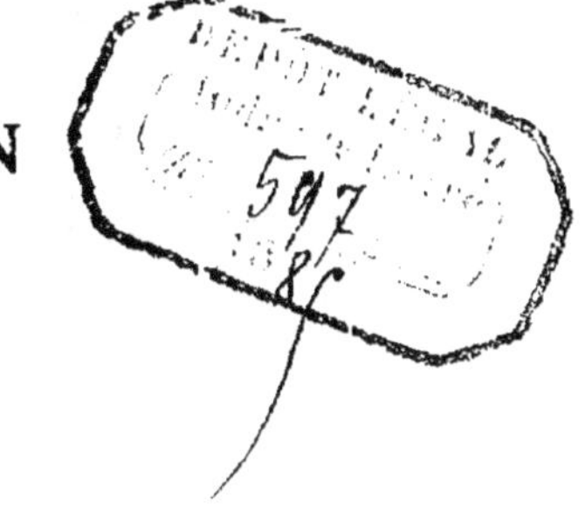

En 1870, j'avais vingt ans.

Les événements désastreux causés par l'incurie et la lâcheté d'un Gouvernement oppressif, qui venait de s'effondrer me rendirent pour toujours ce régime odieux.

Toute l'histoire de ces vingt années d'Empire, commencée par les massacres du Peuple et suivie d'oppression, de crimes, de guerres, de déportations, de tripotages insensés, se déroula devant mes yeux d'une façon saisissante et me fit horreur.

Par l'Étude comparative des divers autres régimes monarchiques, je jugeais facilement que ces sortes de gouvernements étaient incompatibles à l'amélioration de la société et en arrêtaient la marche progressive.

En effet : Autoritaires et par conséquent despotiques ils ne peuvent régner que par la force de l'oppression.

S'appuyant sur des préjugés que la raison réfute ils ne peuvent se maintenir que par l'ignorance, le mensonge ou la superstition.

Débarrassé depuis longtemps de fausses croyances et ne pouvant nourrir mon esprit que de Vérités, allant toujours au fond de chaque question pour mieux me convaincre ; aimant le beau, le bon, le juste, j'embrassais avec ardeur la République mettant ma confiance dans le bon vouloir de ceux qui venaient de la proclamer.

Ses principes humanitaires s'imposent d'eux-mêmes. Nulle autre forme de Gouvernement ne peut élever son idéal à un point aussi sublime.

Liberté ! Égalité ! Fraternité ! Ne sont-ce que des mots ? Peut-on se soustraire à leur fascination ?

Qui n'éprouve en soi cet amour de la Liberté, si ce n'est l'être inconscient qui dans sa lâcheté abandonne ce droit sacré et se soumet sans raisonner ?

Qui, sans nier le progrès, ne désire l'Égalité dans la plus large mesure du possible si ce n'est l'ambitieux et l'égoïste ?

Qui, enfin, n'aime son semblable comme lui-même si ce n'est le méchant.

Donc pour être bon Républicain : il faut adopter ces principes et prêcher d'exemple ; les paroles ne suffisent pas, il faut que les actions soient en accord avec.

A quoi tendent ces principes ? Au bien commun. Qui donc doivent les premiers y concourrir, si ce ne sont ceux qui gouvernent ?

Placés à notre tête, au nom de ces principes si justes et si vrais, ils doivent en accélérer la réalisation sous peine d'être accusés de supercherie et de manquer à leur devoir.

J'ai compris l'impossibilité dans laquelle se trouvaient les républicains au pouvoir, dès le début, en présence de majorités hostiles constituant les premières législations qui se sont succedées depuis 1871 jusqu'en 1875...

Mais depuis cette dernière époque où le Peuple confiant dans des programmes plus larges, dans des promesses plus pressantes, donna une majorité si affirmative; pourquoi a-t-on rendu de plus en plus sa vie intolérable ? La misère où nous sommes ne prouve-t-elle pas qu'on s'est toujours écarté de la voie qui pouvait nous conduire à une situation meilleure ?

Qui doit-on accuser, si ce ne sont nos gouvernants ?

Or, je me mis à en rechercher les causes, aidé par mes amis du parti ouvrier que je consultais ; je découvris facilement le péché capital de notre organisation désagrégée ; tout en rendant justice aux dépenses utiles faites pour répandre l'instruction encore insuffisante, développer nos chemins ferrés et agrandir nos ports.

Me posant toutes sortes de questions, y répondant de toutes manières ; retournant en tout sens mes raisonnements, me faisant mille objections, j'aboutissais toujours à cette conclusion :

Si le Peuple, dont l'immense majorité n'a d'autre ressource que son travail, est surchargé d'impôts qu'il ne peut supporter, son état de misère s'agrave de plus en plus ; il est obligé de restreindre d'autant sa consommation et par ce fait arrête dans les mêmes proportions l'écoulement de la production.

Il faut donc pour que la production se maintienne abondante, que la consommation soit suffisante,

Et, si la plus grande partie du Peuple est dans la misère, comment fera-t-il pour consommer et par conséquent pour avoir du Travail. Nous sommes rendus à ce point aujourd'hui et demain ce sera pire.

Il était de toute nécessité que les riches s'imposassent dans leurs ressources superflues, qui sont du reste la conséquence du Travail de tous, et non imposer ceux qui produisent, et cela, jusque dans leurs objets de première nécessité !

Je crois de plus en plus que mon raisonnement est juste, n'ayant trouvé aucune contradiction parmi les nombreux auditeurs devant lesquels je l'ai exposé mainte et mainte fois.

Mais me suis-je dit : puisqu'il est juste que ce soient ceux qui possèdent tout qui paient les impôts ; comment pourra-t-il en être ainsi.

Quels sont les moyens à appliquer ?

Les riches s'imposeront-ils d'eux-mêmes ? Nous donneront-ils le soulagement auquel nous avons droit ? Feront-ils des sacrifices pour nous acheminer vers ce bien-être si souvent promis ; eux qui jouissent de tant de superflu que nous contribuons tous à leur procurer.

Non ! Les jouissances de la fortune leur font oublier leur devoir de réciprocité envers la société ; ils sont comme l'ivrogne qui boit toujours sans jamais pouvoir se désaltérer ; ils n'auront point le courage de renoncer à une partie de ces jouissances, grisés par les illusions d'un égoïsme invétéré.

Il ne nous reste donc dans la société actuelle que la perspective d'être toujours à la merci de ceux qui possèdent. Et puisque ce sont ceux-là même qui nous gouvernent il n'y a rien à espérer d'eux.

Devais-je abandonner pour cela la République ? Non ! Car je sentais en moi l'impossibilité de nier ses principes, et contraire à ma conscience de les abandonner.

« Avec l'instruction la vérité se fera jour, disais-je, Les hommes deviendront meilleurs, le progrès dans sa marche continue nous fera découvrir un système qui, sans distribuer à chacun une part égale de fortune, pourra assurer, par le travail, à tous le bien-être.

La France, ajoutai-je, est assez riche pour donner à ses enfants le bien-être dont ils ont besoin »

Confiant dans un avenir prochain, je fus quelque temps dans cette alternative lorsque mes amis du « Parti Républicain ouvrier socialiste » m'exhortèrent à étudier leur programme.

Heureux de pouvoir soumettre ma pensée à de nouvelles recherches et malgré les calomnies lancées contre mes amis, que je connaissais pour être très honnêtes, je me mis à l'étudier avec acharnement ; n'ayant d'autre ambition que celle de consolider mes principes et d'en poursuivre la réalisation.

Je reconnus que ce Programme, garantissant d'abord le travail, qui est la base fondamentale de toute société civilisée, offrait à tous les travailleurs une existence assurée et rendait ainsi justice à celui qui produit.

J'approuvais sa logique : qui écarte du pou-

voir les classes bourgeoises qui nous sont
opposées, pour réunir en un parti de classe
distinct celle des travailleurs, la plus nom-
breuse, ayant les mêmes droits, les mêmes
besoins et par conséquent les mêmes revendications à formuler. Qui seraient les maîtres
de leurs destinées et de celles de leurs enfants
s'ils voulaient s'entendre.

Je louais sa sagesse : en donnant à tous, par
l'instrution civique, scientifique et morale à
tous les dégrés, les moyens de se défendre et
avec l'instruction professionnelle les moyens
de produire et de se rendre utile.

J'estimais son désintéressement et son esprit
de justice : en abolissant les privilèges sans
en créer de nouveaux, réservant les emplois
de la direction et du contrôle aux plus capables
et aux plus honnêtes.

Je ressentis l'impulsion de son vrai patrio-
time : dans l'organisation de ses milices et
l'armement général du Peuple; système plus
égalitaire, moins onéreux, plus moral, qui
rendrait la France inexpugnable.

Avec quelle franchise il détermine son but
majestueux ! *l'Emancipation de tous les êtres
humains !*

Avec quelle netteté il indique les moyens
d'y parvenir !

Les droits de l'humanité sont le *bien-être*,
le moyen d'y arriver *c'est le Travail* : c'est
donc, avant tout, le Travail que l'on doit
garantir.

La fortune n'est pas un droit naturel puisque
seul on ne peut l'acquérir; il faut nécessairement que plusieurs y contribuent et que
ceux-ci s'en désintéressent. Tandis que le
bien-être en est un très naturel et très nécessaire pour être heureux, et que chacun pourrait
acquérir si on n'y mettait d'injustes obstacles.

Imbu de ces maximes et débarrassé de tout
préjugé je trouvais les solutions justes. Ne
demandant rien pour soi qu'il ne l'accorde à
tous : *Chacun donnant suivant ses forces,
recevra suivant ses besoins.*

Conduisant ainsi à la vraie Liberté par le

travail; à l'Egalité la plus rationnelle dans la marche du Progrès humain; fermant pour toujours l'ère des révolutions sanglantes par une entente fraternelle; s'appuyant sur la Justice dans la Vérité et enfin par le concours de tous a remplir ses devoirs de réciprocité, constitue la solidarité.

Voilà pourquoi, Travailleurs, je suis plus que jamais Républicain et qui plus est *Socialiste du parti ouvrier.*

Argenton-Château

Adrien LODENOS.

CONFÉRENCE

PRÉLIMINAIRES

DE LA CONFÉRENCE

DONNÉE A ARGENTON-CHATEAU

le 13 octobre 1885

Les exemples de bonne volonté et de dévouement donnés par les membres militants du *parti Ouvrier*, me portèrent à l'Etude des questions qui se rattachent à l'organisation sociale.

M'inspirant de leur courage qui les entraîne, malgré leurs travaux quotidiens, aux réunions pour y exposer dans des conférences publiques et contradictoires nos théories et développer la recherche des moyens qui peuvent les rendre applicables, je me préparais à faire une première conférence.

L'approche des Elections du 4 octobre en hâta l'exécution.

Ne me trouvant libre qu'à la veille, et jugeant que nos théories ne pouvaient être comprises dans une seule réunion devant un public qui n'y était préparé par aucune organisation préalable, je me bornais a exposer la situation générale faite par les différents partis bourgeois et l'attitude du Parti ouvrier socialiste en face des Élections

A. L.

PROGRAMME

DU

PARTI RÉPUBLICAIN

OUVRIER SOCIALISTE

VOTÉ PAR

*La Fédération des Travailleurs Socialistes
de France*

Considérant :

Que l'émancipation des travailleurs ne peut être l'œuvre que des travailleurs eux-mêmes ;

Que les efforts des travailleurs pour conquérir leur émancipation ne doivent pas tendre à constituer de nouveaux privilèges, mais à réaliser pour tous l'égalité, et par elle la véritable liberté ;

Que l'assujettisement des travailleurs aux détenteurs du capital est la source de toute servitude, politiques morale et matérielle ;

Que, pour cette raison, l'émancipation économique des travailleurs est le grand but auquel doit être subordonné tout mouvement politique ;

Que l'émancipation des travailleurs n'est pas un problème simplement local ou national, qu'au contraire ce problème intéresse les travailleurs de toutes les nations *dites* civilisées, sa solution étant nécessairement subordonnée à leurs concours théorique et pratique ;

Pour ces raisons,

Le Parti ouvrier socialiste déclare :

1° Que le but final qu'il poursuit est l'émancipation complète de tous les êtres humains sans distinction de sexe, de race ou de nationalité ;

2° Que cette émancipation ne sera en bonne voie de réalisation que lorsque, par la socialisation des moyens de produire, on s'acheminera vers une société communiste dans laquelle « chacun donnant selon ses forces, recevra selon ses besoins » ;

3° Que, pour marcher dans cette voie, il est nécessaire de maintenir, par le fait historique de la distinction des classes, un parti politique distinct en face des diverses nuances des partis politique bourgeois;

4° Que cette émancipation ne peut sortir que de l'action révolutionnaire, et qu'il y a lieu de poursuivre *comme moyen* la conquête des pouvoirs publics dans la Commune, le Département et l'Etat.

PARTIE POLITIQUE

ARTICLE PREMIER. — Suppression du Sénat et de la Présidence de la République. Responsabilité effective des ministres avec sanction pénale substituée à leur responsabilité parlementaire. Législation directe du peuple, c'est-à-dire sanction et initiative populaires en matières législative. Reconnaissance par la loi du mandat impératif et son assimilation au mandat civil.

ART. 2. — Suppression du budget des cultes et retour à la nation « des biens *dits* de main morte, meubles et immeubles, appartenant aux corporations religieuses » (*décret de la Commune du 2 avril 1871*), y compris toutes les annexes industrielles et commerciales de ces corporations.

ART. 3. — Suppression de la magistrature, remplacée par des jurys élus et des conseils d'arbitrage. En attendant, justice gratuite et révision dans un sens égalitaire des articles de code qui établissent l'infériorité politique ou civile des travailleurs, des femmes ou des enfants naturels.

Art. 4. — Suppression des armées permanentes ; armement général du peuple ; organisation des milices nationales par région.

Art. 5. — Abrogation de toutes les lois sur la presse, les réunions, les associations, notamment de la loi contre l'Internationale.

Art. 6. — Amnistie de tous les condamnés pour faits politiques et faits connexes.

Art. 7. — Les communes maîtresses de leur administration, de leur budget, de leur police, de leur force militaire et de leurs services publics.

Art. 8. — Liberté entière de coalition pour les Communes.

PARTIE ÉCONOMIQUE

Art. 9. — Instruction intégrale et professionnelle de tous les enfants mis pour leur entretien à la charge de la société représentée par la Commune et par l'Etat.

Art. 10. — Repos d'un jour par semaine ou interdiction, pour les employeurs, de faire travailler plus de six jours sur sept.

Au-dessous de 18 ans, fixation de la durée de la journée à 6 heures.

Interdiction absolue du travail de nuit pour les enfants. Pour les adultes, durées de ce travail fixée à 6 heures, les heures en sus devant être payées double.

Art. 11. — Réduction de la journée de travail à huit heures au maximum, avec fixation, par chaque corporation, d'un minimum de salaire. En cas de force majeure, laissée à l'appréciation des travailleurs, les heures supplémentaires seront payées double.

Application du décret de 1848 qui interdit le marchandage sous peine d'amende et de prison.

Art. 12. — Commission élue par les ouvriers pour imposer dans les ateliers, chantiers, carrières, usines et administrations les conditions nécessaires d'hygiène, de dignité, de sécurité.

Art. 13. — Responsabilité des patrons en matière d'accident, réalisée par une indemnité, conformément aux articles 1382 et 1383 du Code civil, et par une pénalité, conformément aux articles 319 et 320 du Code pénal.

Art. 14. — A travail égal, égalité de salaire pour les travailleurs des deux sexes.

Art. 15. — Interdiction pour les employeurs d'occuper les ouvriers étrangers à des conditions autres que les ouvriers français.

Art. 16. — Interdiction du travail dans les prisons au-dessous des tarifs élaborés par les Syndicats ouvriers et Groupes ouvriers corporatifs. Suppression absolue du travail dans les couvents, ouvroirs et établissements religieux.

Art. 17. — Suppression de toute immixtion des employeurs dans l'administration des caisses ouvrières de secours mutuels ; de prévoyance, d'assurance, etc., et leur gestion restituée aux ouvriers.

Art. 18. — Intervention dans les Règlements des ateliers ; suppression du droit pour les employeurs de frapper d'une amende ou d'une retenue de salaire les ouvriers. (*Décrets de la Commune du 27 avril 1871.*) Nul ouvrier ne pourra être puni ou chassé d'un atelier particulier ou d'Etat, hors un jugement rendu par ses camarades de travail.

Art. 19. — Intervention résolue de l'Etat dans les branches diverses du travail privés ateliers, compagnies, banques, entreprise, agricoles, industrielles, commerciales, — *d'abord* pour imposer aux employeurs des cahiers des charges garantissant les intérêts des travailleurs et les intérêts collectifs, *ensuite* pour transformer progressivement toutes ces industries bourgeoises en services publics socialistes, dans lesquels les conditions du travail seront réglées par les travailleurs eux-mêmes.

Art. 20. — Annulation de tous les contrats ayant aliéné la propriété publique.

Art. 21. — La surveillance des ateliers, fabriques, usines, mines, services publics sera exercée par des inspecteurs élus, par les Chambres syndicales et Groupes corporatifs, et les infractions aux cahiers des charges, aux lois et aux règlements seront jugés sans appel par les tribunaux réorganisés de conseillers de prud'hommes.

Art. 22. — Mise à la charge de la Société des vieillards et des invalides du travail.

Art. 23. — Abolition de tous les impôts indirects et transformation de tous les impôts directs en impôt progressif sur les revenus dépassant 3,000 francs. Retour aux communes des héritages en lignes directe de tous les héritages dépassant 20,000 francs.

MA PREMIÈRE CONFÉRENCE

CONFÉRENCE PUBLIQUE ET CONTRADICTOIRE

du Citoyen

Adrien LODENOS

Membre du Parti Républicain Ouvrier Socialiste donnée le 3 octobre 1885 à
8 h. du soirchez M. Bouchet, au Breuil d'Argenton-Château (Deux-Sèvres.)

BUT DE LA CONFÉRENCE :

Attitude du Parti Républicain ouvrier Socialiste

en face des Elections du 4 octobre 1885

CITOYENNES! CITOYENS!

Je viens sans haine et sans parti pris pour
personne et je me fais fort de répondre avec
toute la courtoisie désirable, dans la mesure
de mes forces, à ceux qui une fois mon discours achevé voudront me faire des objections.

C'est afin de ne rien omettre et de développer
entièrement ma pensée que j'ai dû préparer ce
discours.

J'ai pensé que pour la première fois que j'ose
traiter en face de vous ces questions, je devais
les exposer dans un ordre rigoureux afin de ne
laisser subsister aucun doute sur mes opinions.

Les quelques polémiques que j'ai mises au
jour et que vous avez lues vous ont déjà pré-
venus que je défendais la cause des travailleurs.

Oui, Citoyens, et c'est tout naturel que je
défende celle de la classe à laquelle j'appar-
tiens.

Certaines gens ont dit que je m'échappais à
la discussion, étant le plus souvent en voyage.

(non par plaisir puisque c'est mon métier) Eh bien je tiens à leur déclarer qu'ils me trouveront toujours disposé à discuter loyalement avec eux lorsqu'ils le voudront : soit par la voie des journaux, soit en particulier, (et ils peuvent compter sur ma discrétion si elle leur est nécessaire) soit en réunions publiques.

Citoyens !

Vous ignorez peut-être qu'il existe en France un parti que l'on désigne sous le titre de *Parti Républicain ouvrier Socialiste.*

Ce sont les éléments travailleurs qui le composent. C'est un Parti de classe distincte, qui n'admet aucune compromission avec les classes bourgeoises qui lui sont opposées.

C'est à ce parti que j'ai l'honneur d'appartenir.

Dans chaque ville grande ou petite nous formons des groupes d'Études Sociales. Là, nous recherchons les moyens les plus propres à l'amélioration de notre sort.

A certaines époques de l'année ces groupes envoient un ou plusieurs délégués qui se réunissent au centre de la Région et se constituent en Congrès.

Dans ces Congrès, chacun met en lumière les résolutions prises dans chaque groupe. Ces réunions sont publiques et contradictoires de façon à élargir la discussion et permettre à tous d'y venir concourir.

Une fois par an les éléments de ces Congrès se fondent ensemble et cette Fédération généralisant les questions émises adopte le plan de conduite que le parti doit suivre pour formuler ses justes revendications.

C'est par ces moyens : que nous nous rendons compte des mouvements périodiques qui fatalement s'accomplissent et jettent la perturbation dans notre état social.

C'est à l'aide de tous les Citoyens de bonne volonté, avec colui des savants que nous consultons; de tous les économistes distingués dont nous compulsons les données, que nous avons rédigé un programme ayant un but défini et renfermant toutes les clauses indispensables pour arriver et se maintenir dans l'équilibre le plus désirable.

Satisfaisant, dans la *Fraternité*, aux exigences sublimes de la *Liberté* et à celles de l'*Egalité* la plus rationnelle.

Après avoir exposé la marche que nous suivons et vous avoir marqué son but essentiellement humanitaire il me reste à vous éclairer sur ses causes et sur notre attitude en face des Elections de demain 4 novembre.

C'est là le véritable but de cette réunion.

CITOYENNES ! CITOYENS !

S'il était donné à tous les travailleurs de voir ce qui se passe dans toute la France en ce moment de crise électorale ; s'ils pouvaient lire et compiler tout ce qui se dit dans les partis bourgeois par l'organe de leurs journaux, dans leurs réunions et dans leurs conciliabules particuliers, depuis le légitimiste (plus ou moins pur) jusqu'au radical (plus ou moins intransigeant), dévoiler et se jeter à la face les fautes, les bassesses, les crimes dont ils sont coupables ; si on pouvait en quelque sorte vulgariser leur propagande menteuse, leurs manœuvres indignes, leurs compromissions honteuses et les faire passer sous les yeux de ces travailleurs, je suis persuadé qu'ils seraient, comme nous, pris d'un tel dégoût que pas un seul n'accorderait ses suffrages à cette horde difforme qui se fait reptile en ce moment pour mieux assouvir sa rapacité et saisir le pouvoir.

Mis en pleine lumière, et dépouillés de leurs masques de circonstance, de qui recevraient-ils leur appoint ?

Des naïfs, malheureusement trop nombreux, qui croient encore qu'il peut sortir quelque chose de bon de la part de cette impitoyable ennemie, la bourgeoisie féodale ou roturière et que le présent comme le passé n'ont pu encore désillusionner.

Oui, Citoyens ! avouons-le ; il y a encore beaucoup de gens et les plus nombreux qui croient, malgré l'espérience de tant de siècles, que la Bourgeoisie ou l'Aristocratie, que je confonds ensemble, feront enfin des sacrifices pour diminuer les charges qui pèsent de plus en plus sur nous.

Eh bien, nous qui avons ressassé tant de fois tous les faits historiques qui se sont produit nous sommes et pour toujours complètement désabusés.

On nous dit que nous faisons le jeu de la Monarchie et que nous jetons la désunion dans le parti Républicain, quelle erreur ! mais où sont donc ces républicains qui le composent et qui à chaque fois qu'elle est en jeu savent si mal la défendre.

Et où en sont-ils réduits ces partis monarchiques avec leur union passagère et qui se diviseront demain, si non à l'impuissance. Du reste, quelque soit le parti bourgeois, qui vienne au pouvoir, jamais il ne pourront établir une autre forme de gouvernement.

Car ils savent fort bien que nous sommes aujourd'hui trop nombreux et prêts à sacrifier notre vie pour défendre la République.

Il y a une autre espèce de gens qui par intérêt leur donneront un appoint.

Ce sont ces intrigants et ces vendus, auxquels on tient la dragée haute, donnant, donnant, jusqu'à ce qu'ils se livrent complètement.

Voyez-les dans leurs réunions se prodiguer. Ils s'essouflent en bravos, en hourrahs, criant avec orgueil : Vive notre futur député conservateur, républicain ou radical ; cette meute toujours aux trousses de leur maître dont ils attendent un os à ronger.

Auxquels on a donné : qui une place, qui une augmentation de traitement, une bourse au lycée, un privilège quelconque ; tout cela souvent sans aucun concours préalable. D'autres pour quelques maigres profits commerciaux.

Questionnez-les, ces piètres raisonneurs, pour qui la satisfaction personnelle est tout,

ils vous répondront stupidement : faites
comme moi, où vous renverrons simplement
à la brutalité du hasard.

Du Midi au Nord, de l'Est à l'Ouest ; à Paris
à Rennes, à Bordeaux, à Rouen, etc., etc.
Bonapartistes et Légitimistes, Républicains et
Orléanistes, Conservateurs et radicaux fusion-
nent.

Après s'être confondus en insultes et en
récriminations de toutes sortes, ils ne leur
repugne pas de se donner la main. Ils ne
craignent plus d'avilir leur drapeau. Afin de
mieux tromper les électeurs et malgré leur
antipathie cachée, tels légitimistes purs, aux
fleurs de lys, portent en tête de leurs affiches
un drapeau tricolore ; tels autres soi-disant
républicains en couvrent le fronton pour mieux
accentuer la note.

Je viens de voir dans mes voyages, à Rennes
entr'autres, cette contradiction écrasante : Des
légitimistes qui avaient juré fidélité à leur Roy
et à son drapeau sur la même liste avec des
Bonapartistes et des Orléanistes, portant sur
leurs affiches un vaste drapeau tricolore. De
sorte que le lendemain les républicains se
crurent obligés d'en faire apposer sur les leurs
un énorme trophée. Si bien que si ce petit jeu
devait continuer on ne saurait plus à quelle
quantité de drapeaux s'arrêter pour apprécier
la valeur exacte de chacun de ces partis bourgeois.

Les premiers défendent la Religion et ils
osent vouloir nous faire croire qu'elle est
menacée bien qu'on lui alloue 65 millions par
an et qu'elle a à sa disposition plus de
300 millions de revenus sans compter le denier
de St-Pierre, les quêtes de toute nature et
autres richesses que dans leur simplicité iro-
nique ils étalent aux grands jours.

Farceurs ! Ils défendent ceux qui les soutiennent contre nous ; qui n'ont aucune charge
dans la société et qui ont toujours conspiré
contre elle.

Ils mettent en évidence leurs titres de

noblesse croyant par ce faux apparat nous subjuger.

Les illusions de l'orgueil les portent à croire qu'ils sont au dessus du genre humain et faits pour le diriger.

Mais d'où tirent-ils leur noblesse ?

Nous ne reconnaissons d'autre noblesse que celle des sentiments.

Puisqu'eux-mêmes nous disent que nous sommes tous les fils d'Adam, pour être juste, nous devons être tous nobles ou pas du tout. Mais l'histoire prouve suffisamment que ces titres sont d'une date relativement récente et établie pour mieux nous oppresser.

Voici ce que dit à ce sujet l'auteur du Contrat Social. J.-J. Rousseau : « Sur deux ou trois citoyens qui s'illustrent par des moyens honnêtes, mille coquins annoblissent tous les jours leur famille (et moi j'ajoute qu'un plus grand nombre enrichisse). Et que prouvera cette noblesse et ces richesses dont leurs descendants seront si fiers, si non les vols, les infamies et la tyrannie de leur ancêtre. On y voit beaucoup de malhonnêtes gens et il y a toujours vingt à parier qu'un gentilhomme descend d'un fripon.

Pesons leurs mérites : De quoi s'honore donc cette noblesse dont ils sont si fiers ?

Qu'a-t-elle fait pour la gloire de la Patrie et le bonheur du genre humain ?

Mortelle ennemie de nos droits et de la Liberté qu'a-t-elle produit dans la plupart des pays où elle brille si ce n'est la force de la tyrannie et l'oppression des peuples.

Quelle est donc cette gloire insensée dont vous faites tant de bruit ? Celle de servir un homme ! Si vous l'avez bien servi il vous a bien payé avec notre or, vile monnaie qui vous fait rougir d'être Citoyen.

Quels nobles comptez-vous parmi les libérateurs ! Guillaume Tell, Jeanne d'Arc, Hoche, Marceau étaient-ils nobles ! Ils rougiraient du fond de leurs tombeaux si on les affublait ainsi.

Débarrassons-nous, Citoyens, de ces vains

préjugés qui portent nos esprits à croire que là
seulement où sont la fortune et les grandeurs
doivent être pris ceux les plus dignes de nous
gouverner.

Tenons compte avant tout des principes et
ne choississons que des hommes dont l'honnê-
teté soit contrôlée par de solides engagements.

Les autres veulent des améliorations dans
l'économie politique ; mais lorsque ces questions seront mûres et ils font tout ce qu'ils
peuvent pour en retarder la maturité. Il n'est
pas besoin de récriminer davantage sur ce
point, ne sommes nous pas convaincus qu'ils
n'ont point l'intention de tenir ces promesses.

Tous, en un mot, veulent la Patrie grande
et prospère, disent-ils effrontément : après
l'avoir tant de fois mutilée, pillée, vendue et
garottée.

Ils rendront l'Agriculture, le Commerce,
l'Industrie florissants et toute leur vie se passe
à exploiter exclusivement à leur profit ces
branches de notre richesse nationale.

TRAVAILLEURS ! OUVRIERS ! PAYSANS !

Regardons en face tous ces oiseaux de proie
qui convoitent la direction de nos destinées.
Secouons cette torpeur indigne d'êtres libres.
Serons-nous toujours le troupeau inconscient
qui se donne en pâture.

Soyons conscients avec nous-même et je le
répète, regardons-les en face.

Dans leurs réunions qui devraient avoir pour
but d'éclairer tous les électeurs ils ont soin
d'en écarter les questions les plus utiles à notre
cause. *L'organisation et les garanties du Travail* sont pour eux lettre morte.

Ils vous répondront qu'ils ont bien autre
chose à faire : c'est qu'eux, voyez-vous, peuvent attendre ; leur lendemain est assuré.

Ils n'en appellent à la discussion que lorsqu'ils sont certains de ne pas être contredit ;
En conséqnence : ils éliminent de leurs réunions tout citoyen suspect de contradiction.

(Vous pouvez en juger ici par mon exclusion et celle de beaucoup d'autres).

Drôle de façon de nous éclairer sur leurs intentions et de nous convaincre.

C'est que la plupart de ces petits bonshommes seraient, hués et complètement dépopularisés s'ils se permettaient de traiter certaines questions d'organisation économique que leur incapacité notoire se refuse à discuter.

Quand les usines se ferment, quand les banques dégringolent, quand la faillite menace d'envahir tous les petits commerçants, les unes laissant dans la misère ces petits économes exténués ; les autres jetant sur le pavé les ouvriers et leur famille, sont-ils émus ? Leur est-il jamais venu à l'idée de préserver ces catastrophes par un contrôle quelconque.

Bourgeois ! Qu'elle est donc cette Liberté imprévoyante qui permet à quelques uns de détenir celle de tant d'êtres humains contribuant à votre fortune et qui les abandonne tout à coup à la misère et au désœuvrement.

Sommes-nous des êtres humains ou des bêtes féroces faites pour nous entre-dévorer.

Mais non, vous constituez des privilèges, des abus et quand vous vous apercevez qu'ils entravent la marche régulière de la machine économique vous n'avez plus le courage de les anéantir et c'est toujours nous qui en supportons les conséquences.

Ils semblent nous dire : abandonnez-nous vos droits et le produit de vos labeurs pour nous récompenser de la peine que nous prenons à vous commander, et il vous restera l'honneur d'être nos très humbles serviteurs.

Ah! Bourgeois! je suis dûr pour vous et pourtant je ne vous désire aucun mal.

C'est que nous avons des enfants et des mères derrière nous ; ils sont aussi beaux et aussi intelligents que les vôtres quand ils peuvent se développer ; eh bien! Nous ne voulons plus les voir exposés au hasard brutal que vous nous abandonnez en partage.

Que l'état du travailleur est différent au

point de vue de l'Egalité ; et si l'Egalité est un principe chimérique, comme vous paraissez le croire, pourquoi le mettez-vous en évidence?

L'humanité lui doit plus qu'à tout autre et la Société lui refuse davantage. Il ne peut se faire écouter même quand il a droit de se faire entendre ; il a plus de peine à se faire rendre justice qu'un autre en aura pour obtenir sa grâce ; il porte tout le poids des devoirs et des charges, soit que le sort l'appelle pour défendre son pays tandis que le riche paiera pour s'en exempter.

On lui dira, en pleurnichant superficiellement : c'est malheureux que vous soyez dans la misère, il faut vous mettre au bureau de charité.

Belle institution qui n'a jamais servi qu'à l'abaissement de notre société!

Puisque nous sommes tous de la même espèce nous avons tous les mêmes droits et les mêmes besoins. Nous disons, nous qui voulons être justes par le raisonnement : celui qui n'a que le nécessaire ne doit pas payer d'impôt ; et la taxe de celui qui a du superflu peut aller jusqu'à concurrence de ce qui excède le nécessaire.

Je sais ce que vous m'objecterez : que eu égard à votre rang ce qui serait de trop pour nous ne sera pas de trop pour vous. Mais c'est un mensonge car un bourgeois n'a que deux bras et un ventre comme nous ; et c'est par le concours de plusieurs que vous avez acquis ce rang.

Donc, celui qui travaille à droit au nécessaire et nul ne doit payer d'impôt s'il n'a le superflu. C'est une lâcheté de la part de ceux qui possèdent tant de superflu de ne pas prendre les charges pécuniaires qui incombent à la nation ainsi que de se soustraire aux obligations de sa défense.

En quoi consiste donc leur patriotisme?

A posséder de puissantes richesses et des honneurs.

Quel est le vrai patriotisme, Citoyens?

C'est celui de défendre son pays et non d'attaquer les autres; c'est celui de constituer un bon gouvernement.

Et le devoir de ce bon gouvernement? C'est d'être assez prévoyant pour maintenir l'abondance à la portée de tous par le travil et ne jamais rendre le travail inutile.

Quand nous aurons un gouvernement de la sorte, tous les Citoyens y trouvant un avantage et un bien être seront jaloux de le défendre.

Est-ce en nous donnant l'intruction avec autant de parcimonie, ne la réservant que pour leurs favorisés et ceux de leur classe qu'ils rehausseront notre situation morale et intellectuelle ? préférant laisser les institutrices et les instituteurs dans la détresse pour prodiguer nos millions en guerres en abus et en tripotages de toutes espèces.

Combien d'intelligences sont enfouies parce que les parents pauvres n'ont pas le moyen de les faire instruire et combien de riches qui ont passé une partie de leur vie dans les collèges que nous payons et qui ne sont que des ignorants.

De même que tels petits êtres viennent mal conformés parce que la mère dans la conception n'a pu se procurer les soins et les prévenances nécessaires; de même, enfin, d'autres sont des vagabonds parce que les parents dans la misère n'ont pu veiller à leur éducation.

CITOYENNES ! CITOYENS !

Nous voulons à côté de l'instruction civique, morale, scientifique, gratuite à tous les dégrès, l'instruction industrielle et agricole ; afin que chacun suivant ses aptitudes puisse choisir le métier ou emploi qui lui convient. Combien en sont privés ou ne peuvent apprendre celui de leur goût parce qu'ils n'ont pas la bourse assez garnie.

Mais ils ne la feront pas établir cette instruction ; destinant leurs enfants à l'oisivetéou aux gras emplois, ils pourraient par la contagion y prendre goût et cela arriverait si on unifiait les salaires de tous les métiers, ce qui serait désirable, afin de les rendre tous aussi respectables.

Ont-ils apporté quelque palliatif suffisant pour atténuer les effets de la crise commerciale qui sévit depuis dix ans et soulagé les petits commerçants; soit, par la réduction des transports dont les bénéfices usuraires enrichissent tant d'actionnaires oisifs et qui sont pour la plupart ceux mêmes qui nous gouvernent ? A-t-on supprimé le timbre, diminué les patentes, dégrevé les impôts qui pèsent sur tous ces travailleurs.

Et l'Industrie ? Des centaines de mille ouvriers sont sans travaill et ceux a qui le hasard en accorde irrégulièrement voient de jour en jour diminuer leurs salaires déjà insuffisants.

Et vous, paysans, travailleurs des champs, nos frères de lutte ; Ceux que vous convenez d'appeler vos maîtres, ont-ils diminué le prix de leurs fermages ? pourtant vous vous plaignez, non pas à tort, do l'agriculture en décadence : que les vastes terrains que vous cultivez avec tant de peines sont insuffisants pour nourrir et élever convenablement votre famille tandis qu'ils pourvoient aux exigences superflues de ceux qui les détiennent.

C'est qu'au fur et à mesure que vous avez augmenté la production on vous a augmenté d'autant le prix de vos fermes : de cette façon vous revenez petit à petit dans la même situation.

Oui, Citoyens ! Depuis le premier jusqu'au dernier tous ces bourgeois (je dis tous parce que les exceptions sont très rares) se valent. Les siècles passés comme les temps présents nous le prouvent suffisamment; a l'avenir ils feront encore de nos droits une dérision : fatalement ils nous conduiront à un désastre dont les conséquences trop faciles à prévoir sont à cette heure incommensurables.

De quels noms qu'ils se réclament, de quelques couleurs ils se parent ils seront toujours contre nous. Leurs paroles ne sont que mensonges, leurs actes qu'oppressions. Ils ne feront rien pour nous à moins qu'on les y force.

Loin de moi l'espoir d'une Révolution sanglante qu'ils provoquent par leur égoïsme et leur imprévoyance ; croyez que nos cœurs sont généreux : aussi, préparons la Révolution pacifique par nos votes et affirmons notre puissance.

Inspirons-nous de la justice de nos droits et soyons fermes dans nos convictions.

Ne disons pas comme ces têtus ou ces esprits étroits, ça toujours été comme cela et ça sera toujours, il y aura toujours des riches et des pauvres, puisque c'est injuste ; car si l'Egalité stricte est impossible, le bien être est possible pour tous sur la terre.

C'est notre docilité qui fait leur force. Nous sommes cent contre un ayant les mêmes revendications à formuler, nous pouvons donc les contraindre à cette œuvre de justice.

Qu'ils fassent leurs affaires s'ils peuvent sans nous, quant à nous, travailleurs, tous unis nous les ferons bien sans eux.

Que les bourgeois se soutiennent cela se comprend mais nous les soutenir, jamais!

Dans ce moment ne nous donnent-ils pas la mesure de tout ce qu'ils ont produit ainsi que de ce qu'ils produiront avec de telles compromissions.

Est-ce nous qui le leur faisons dire ? Il n'y a qu'à lire toutes leurs paperasses, qui couvrent tous les endroits en vue et dont on nous innonde, pour s'en convaincre.

Ils s'accusent les uns les autres et nous donnent le triste espoir que si l'un ou l'autre de ces partis bourgeois arrive au pouvoir ce sera la guerre, le désordre, le gaspillage. De tous leurs arguments on ne peut en déduire autre chose.

Si ce qu'ils disent est vrai : le danger est imminent ; s'ils mentent, au contraire, lequel des deux est le plus menteur? et quelque soit l'importance de leurs mensonges nous ne voulons plus de menteurs pour nous gouverner !

Ils ne veulent pas du mandat impératif et son assimilation au mandat civil : Nous sommes, avec eux, encore voués au hasard de leurs caprices ou de leur bonne volonté ; pourtant, lorsque l'intérêt d'un pays comme la France est en jeu on ne devrait se fier qu'aux actes et non aux paroles.

On peut affirmer que nous, le Parti des Travailleurs, ne manquons pas de loyauté, en nous imposant ce mandat sans pouvoir s'y soustraire.

Unissons-nous donc et préparons l'avènement de la République sociale ! La vraie République des Travailleurs, où chacun produisant selon ses forces recevra selon ses besoins.

Convaincus que de nous seuls peut venir notre amélioration, repoussons toute candidature bourgeoise et ne votons que pour les candidats du Parti ouvrier.

Voici notre attitude :

C'est celle de la véritable Liberté qu'ont ceux qui ne craignent pas d'affirmer que tous les hommes sont égaux : ne voyant rien au d'eux mais non plus rien au dessous.

Avec les petits il faut se faire petit afin de les consoler ;
Avec les grandes âmes il faut s'élever pour tâcher de les égaler.

Adrien LODENOS.

INCIDENTS DE LA CONFÉRENCE

Cette Conférence réunit dans un local spacieux plus de 300 personnes composées de bourgeois et de travailleurs de la localité et des environs.

Aucune contradiction ne vint réfuter les assertions du discours.

Interpellé au moment où je citais les noms de ces grands libérateurs : un bourgeois crût devoir y ajouter celui de *M. Courbet*. Il lui fut répondu qu'il ne manquait pas de soldats ignorés qui se faisaient tuer et dont l'abnégation valait celle de *M. Courbet* : que sans contester la valeur de *M. Courbet* elle n'était point comparable à celle de ces *Citoyens* illustres.

Interpellé, après mon discours achevé, sur l'impôt des boissons, sortant ainsi du vif de la conférence, je dus couper court en observant que nous repoussions en principe tout impôt sur les aliments nécessaires ; que dans le cas où il serait nécessaire d'en établir, nous l'établirions d'une façon plus égalitaire ; mais je n'eus pas le temps même d'achever cette explication que les deux partis bourgeois en présence, se jetant la balle au bond, se prirent à discuter assez vivement pour faire craindre un moment de trouble.

La tranquilité des travailleurs fut parfaite et dignes d'éloges pendant ce temps de discussions stériles.

Nous levâmes la séance au milieu de l'agitation des bourgeois se disputant entre eux mais n'ayant pu résoudre, que je sache, la question des impôts sur les boissons.

Les félicitations des travailleurs sont pour nous un encouragement : ils peuvent compter sur notre persévérance.

Argenton, 3 octobre 1885.

ADRIEN LODENOS.

LES CALOMNIES

ET LA

MÉDISANCE

Après mon discours à la réunion publique du 3 octobre plusieurs amis vinrent me féliciter : nous causâmes assez longuement et ils me racontèrent les calomnies aussi stupides que méchantes de quelques-uns de mes auditeurs.

Ce premier rapport me toucha peu sur le moment, néanmoins il souleva en moi ce dégoût qui s'empare de l'homme qui dans sa conscience se croit au dessus de ces lâchetés et qui se dit : on est sali que par la boue.

Le lendemain, jour des Elections, je fus au vote. Ce n'est jamais sans émotion que j'accomplis ce devoir.

Certains travailleurs avec lesquels je passais une partie du jour me confirmèrent sur la valeur de ces attaques surnoises, répandues à dessein dans le public, et le nom de ma femme y étant mêlé j'en éprouvais un choc plus rude.

Le parti Jacquelin, disait-on, m'avait payé, on allait jusqu'à préciser la somme. Ma femme, qu'il est de mon droit de défendre, portait une voilette et n'avait pas de bois pour chauffer ses enfants : elle allait dans la garenne ramasser du bois mort. Un certain M. qui vit comme employé à la charge de la Société, prétendait que j'irais serrer la main aux monarchistes sitôt la réunion ; que ce discours n'était pas de moi, etc. etc.

Le but était de me déeonsidérer et eomme tous mes amis du Parti Ouvrier la bave de la calomnie et de la médisance coulait à flots m'éclaboussant dans ma personne et celle de ma femme.

Je rentrais chez moi la tête en feu; mon cœur soulevé d'indignation battait à rompre ma poitrine; impossible de dormir; lorsqu'au matin, exténué je perdis connaissance et fis ce rêve qui me soulagea.

Aussitôt réveillé je conclus que ce serait ma vengeance et me mis aussitôt à le retracer.

Je le donne tel qu'il est sorti de ma plume aussitôt mon réveil, n'ayant encore rien perdu de son impression.

Je désire que cette vengeance soit comprise par les travailleurs tant calomniés et profite à leur union.

C'est par la plume ou la parole que l'on se venge contre les lâches qui ne peuvent nous attaquer en face et non dans le sang, seul espoir de nos ennemis.

Je leur pardonne jusqu'ici mais qu'il n'oublient pas que la longanimité a des bornes.

6 Octobre 1885.

_{Adrien} LODENOS.

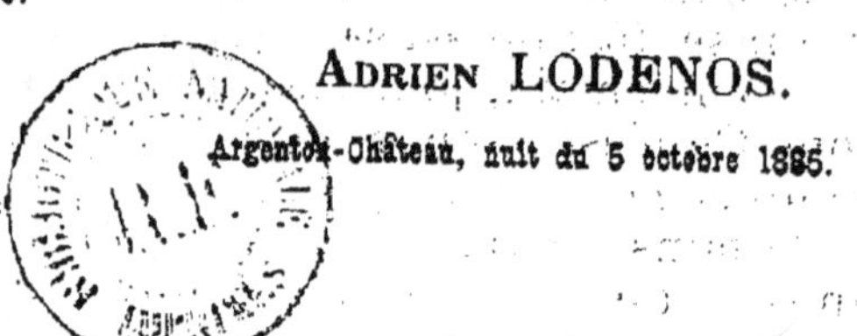

Argenton-Château, nuit du 5 octobre 1885.

MON RÊVE

Quelle nuit mes amis je viens de passer !
Approchez doucement, écoutez... taisez-vous...
tous bas... chut !... plus bas... chu... j'ai
crainte de trop me réveiller.

...... Pour bien ressaisir la scène qui vient de
se dérouler, pour bien se rendre compte de ce
qui s'est passé, fermez les yeux... Il faut que
mon attraction dans toute sa puissance vous
empoigne !... Effort surhumain qui vous force
de rentrer en moi-même... car pour faire
revenir ce songe à la fois affreux et sublime !
il va falloir déployer un courage invincible !
Chut !... chu... ch......

Dans la garenne, sur le pré vert, me voyez-
vous debout... Appuyé à un des énormes peu-
pliers qui bordent la rivière... La feuille du
géant séculaire agitée par une légère brise fait
entendre à mes oreilles une musique enchan-
teresse que tous les autres ses semblables à
l'unisson répètent.

Sa lourde culasse plonge dans l'onde clapo-
tante qui semble elle-même accompagner cet
enivrant concert.

Un vieux moulin est à gauche inactif et semble
attendre, simple et paisible, des jours meilleurs : ma vue s'arrête un instant sur la chaus-
sée qui le longe, glisse avec l'eau qui s'écoule
lentement par dessus, fuit jusqu'au détour où
le ruisseau se perd et se rejette plus vite que
la pensée, en face de moi, dans la clairière.

Pourquoi tout à coup suis-je pris d'une si
douce émotion ! Qu'aperçois-je ?... Une
femme !... l'ange de notre vie, à qui on a juré
dans sa conscience : appui, amitié, soutien,
protection ; qui nous console de tant de peines,
qui nous donne l'exemple de l'abnégation, qui

s'inspire de notre force, qui nous complète
enfin.

Que fait-elle ainsi penchée vers la terre...
légère comme une abeille elle va, elle vient, se
tourne, se retourne, se. relève... Ah ! elle
ramasse des petits fagots... du bois mort... pour
préparer le feu dès l'aurore, afin de réchauffer
la nichée de petits bambins roses qui va dans
un instant se réveiller doucement sans se-
cousse.

Je lis dans son cœur que je connais si bien...
elle est tranquille, elle me sait là... Elle sait
que je suis courageux car je lui ai prouvé bien
des fois ! Chut !... chu... ch... Confiante en
moi elle s'éloigne... Elle disparait au tournant
des rochers...

Ch. . . . .

Horreur ! Infamie ! Lâcheté ! Furie ! qui fait
derrière moi ce vacarme ! Que... quoi... Où
suis-je ! quel est ce guet-apens !.., à droite sur
les rochers... Au secours !

(Ils ne m'entendent pas et ne me voient pas
à demi caché que je suis par cet arbre.)

Que veulent ces deux hordes grimaçantes,
baveuses, ébréchées, difformes, insultantes !
l'une féminine, l'autre masculine et dégéné-
rées, sur deux longues files houleuse massées :
tous les yeux fixés en avant vers le tournant
des rochers : prêtes à fondre, prêtes à s'é-
branler !

L'être pesant qui commande la première
phalange, a les mamelles énormes et tom-
bantes ; elle a la figure rouge et bouffie, l'haleine
puante ; ses yeux comme percés avec une
vrille, malgré le débris de voilette qui lui sert
de masque, étincellent et brillent. Sa bouche
écume de rage, c'est... C'est la Médisance !.....

L'autre être immonde qui commande la deu-
xième a le regard stupide et bestial : de gros
yeux ronds ébétés roulants dans leur orbites ;
sa face abominablement platte est en partie
couverte de gros poils durs, qn'à la couleur
on prendrait ponr des fils de laiton ; ses mains
sont velues, sa peau est huileuse et collée sur
ses os ; à ses pieds deux sacs d'écus en guise

de boulets ; sa bouche aux lèvres écumantes rend des sons rauques inintelligibles ; massse de boue horrible en somme, c'est... C'est la Calomnie !

Que cherchent-ils ?... qu'attendent-ils ?... Une seconde proie... c'est moi, je devine... et elle qui est là-bas !

D'un bond je cours au devant d'eux ! Le bras tendu je les arrête !... A ce bond impromptu ils ont reculé de peur. je suis le maître !... j'ai grandi de deux pieds ils se sont rapetissés d'autant.

Ah ! race infâme ! leur dis-je d'une voix tonnante ! Les cieux sont ébranlés, de vos calomnies et de vos médisances ! Infernales créatures !... Les phalanges ébétées sont déjà disparues ; les deux êtres immondes sont à mes pieds rendus.

Vils animaux ! toi figure de monstre, avec ta guenon retourne dans les limbes ! que ton âme à jamais disparue ne hante plus cette terre, jeter la mort et le deuil dans les cœurs honnêtes.

A ce moment les rochers s'écartèlent et se referment, engloutissant pour toujours sous leurs massés profondes, ces deux esprits ignobles qui perdent tout le monde.........

Un voile passe devant mes yeux... aussitôt une clarté c'est l'aurore !

A mes pieds l'herbe a poussé verte et ondoyante. Je lève les yeux, ô prodige... l'Etendard Rouge du Peuple est devant moi planté ; il est soutenu majestueusement par trois nobles travaileurs : Artisan, Ouvrier, Laboureur !

Leurs figures mâles et énergiques respirent le Courage, la Force, la Bonté.

Dans les cieux étincèlent ces grands mots : Liberté ! Egalité ! Fraternité ! Justice et Solidarité !!

Tout à coup je fus reveillé par un cri dont l'écho retentit dans l'Univers entier, vibrant au même instant de nos cœurs unis.

Ce cri le voici :   CITOYENS ! ! ?

AUX CITOYENS QUI ONT VOTÉS POUR NOUS

Merci camarades ! merci pour la République Sociale !

Vous n'avez pas craint d'affirmer votre énergie et votre confiance en nous. Vous avez compris qu'étant des travailleurs nous devions être plus soucieux et plus aptes que tout autre à défendre vos droits, que ce n'est pas pour briguer une place que nous nous offrons pour vous éclairer et pour vous défendre. Les places ne nous manqueraient pas si nous voulions commettre la bassesse de renier nos principes, mais nous ne sommes pas de ceux qui vendent leur conscience.

C'est notre liberté que beaucoup d'entre vous n'ont pas, qui nous fait un devoir de nous mettre en évidence.

A ce devoir nous ne faillirons pas.

Notre parti est jeune, il n'a que quelques années d'existence. Il a déjà l'appui de milliers que citoyens travailleurs honnêtes et dévoués.

Il est pauvre mais il compte sur le courage et le dévouement de tous les travailleurs.

Votre petit nombre de voix dans la commune d'Argenton-Château, où et pour la première fois seulement nous avons exposés nos principes, est de bonne augure, d'ici quelques années elles se multiplieront.

Patience, citoyens ! courage, aidez-nous et nous arriverons.

Quant à ceux qui nous calomnient : deman-

dez-leur des preuves et jugez-les eux-mêmes;
s'ils ne peuvent vous en donner, méprisez-les,
ils sont vos ennemis. Mettez-les en notre présence et nous en ferons justice loyalement
mais aussi sévèrement.

Ne vous mutinez point. Cherchez à vous
unir et à vous convaincre par le raisonnement.

Discutez toujours avec sagesse et modération
mais soutenez toujours avec énergie la vérité.

N'oubliez pas aussi que lorsque l'honneur
d'un Travailleur est en jeu votre devoir est de
le soutenir et de le défendre.

Au revoir Citoyens ! Merci.

Vive la République Sociale ! ! !

Pour le Comité :

A. LODENOS.

10 octobre 1885.